Marc-Uwe Kling

DER TAG, AN DEM DER OPA DEN WASSERKOCHER AUF DEN HERD GESTELLT HAT

Von Marc-Uwe Kling und Astrid Henn sind
im Carlsen Verlag schon erschienen:

Der Ostermann

Das NEINhorn

Das NEINhorn und die SchLANGEWEILE

Die Känguru-Comics 1 & 2

Der Tag, an dem die Oma das Internet kaputt gemacht hat

Der Tag, an dem der Opa den Wasserkocher auf den Herd gestellt hat

Der Tag, an dem Papa ein heikles Gespräch führen wollte

Der Tag, an dem Tiffany das Wasser aus der Wanne geschaukelt hat

Das Klugscheißerchen

Marc-Uwe Kling

DER TAG, AN DEM DER OPA DEN WASSERKOCHER AUF DEN HERD GESTELLT HAT

Mit Illustrationen von Astrid Henn

CARLSEN

Folgendes musst du wissen: Als der Opa noch klein war, gab es noch keine Wasserkocher. Jedenfalls nicht solche, wie wir sie heute kennen. Damals hatten die Leute Wasserkessel. Die waren aus Kupfer oder Stahlblech oder Edelstahl. Und sie sahen ungefähr so aus:

Da füllte man Wasser rein, stellte sie dann auf eine Herdplatte und machte diese an. Und so wurde das Wasser heiß. Ganz einfach.

Heute haben die meisten Leute aber einen Wasserkocher. Die sind ganz oft aus Plastik oder haben zumindest irgendein Plastikteil dran. Und sie sehen ungefähr so aus:

Da füllt man Wasser rein, drückt einen Knopf und dann wird das Wasser heiß. Noch einfacher. Das geht irgendwie durch Strom. Frag mich nicht, wie das genau funktioniert. Du hast bestimmt einen Onkel, der dir das besser erklären kann. Oder eine Tante.

Was du außerdem wissen musst: Die Mama von Tiffany, Max und Luisa hatte einen neuen Wasserkocher gekauft.

Und zwar einen ganz schicken. Der war total retro. Retro heißt, dass die Leute von heute Sachen schön finden, die die Leute von gestern normal fanden.

Und dieser schicke neue retro
Wasserkocher sah ungefähr so aus:

Er war aus Edelstahl, aber unten aus Plastik. Und Plastik, das ist dir vielleicht schon klar, sollte man niemals auf eine Herdplatte stellen. Jetzt weißt du alles, was du wissen musst. Also, nicht alles, was du in deinem Leben wissen musst. Aber doch alles, was du wissen musst, um diese Geschichte verstehen zu können.

Es waren Sommerferien. Deshalb waren wieder Oma und Opa da. Zum Aufpassen. Und inzwischen war Tiffany, Max und Luisa auch klar, wer hier auf wen aufpassen musste. Und trotzdem hatten sie den Opa allein in die Küche gelassen. Fehler.

„Aber“, sagte Max später, „man kann ja dem Opa auch nicht die ganze Zeit hinterherlaufen.“

Das konnten Mama und Papa echt nicht verlangen, fand auch Tiffany. Obwohl Tiffany diesmal sehr gut auf die Oma aufgepasst hatte. Und die Oma hatte auch wirklich nichts angestellt. Nicht mal aus Versehen.

Wobei … Der Opa behauptete später, wenn die Oma keinen Tee hätte haben wollen, dann wäre das alles nicht passiert. Der Opa war nämlich in die Küche gegangen (unbeaufsichtigt), um einen Tee (für die Oma!) zu machen. Und dazu hat der Opa den Wasserkocher auf eine Herdplatte gestellt. Dann hat er die Platte eingeschaltet und ist wieder aus der Küche gegangen.

Na, da war aber was los. Also an dem Tag, an dem der Opa den Wasserkocher auf den Herd gestellt hat.

Es fing damit an, dass Luisa aus ihrem Zimmer gestürmt kam und rief: „Macht mal schnell die Fenster zu! Der neue Kacknachbar verbrennt schon wieder seinen Müll.“

„Luisa!“, sagte die Oma.

„Wir sollen nicht *Kacknachbar* sagen“, sagte Tiffany.

„Vor allem nicht, wenn die Oma da ist“, sagte Max.

„Nein, vor allem nicht zum Nachbarn“, sagte Tiffany.

Luisas Haare waren zu der Zeit übrigens gerade rot. Und weil ihr von dem Gestank schlecht war, wirkte ihr Gesicht etwas grün. Tiffany fand das lustig, weil die Farben auch schon mal andersrum gewesen waren.

„Schließt ihr jetzt vielleicht mal die blöden Fenster?!“, rief Luisa und hielt sich die Nase zu.

Die ganze Familie rannte durchs Haus und schloss alle Fenster. Half aber gar nix. Im Gegenteil. Max schnüffelte. „Ich glaube, das kommt aus der Küche“, sagte er.

Das war der Moment, in dem sich der Opa erschrocken die Hand vor den Mund hielt. Der Wasserkocher! Er hatte den Wasserkocher auf den Herd gestellt.

Was du noch nicht weißt: Der Opa und die Oma hatten den gleichen retro Wasserkocher, weil die Oma ihn bei Mama gesehen hatte und auch schick fand. Da kann man sich schon fragen, warum der Opa ihn auf den Herd gestellt hat, statt auf den Knopf zu drücken. Man könnte sich auch fragen, warum der Opa letztens seinen Geldbeutel in den Kühlschrank gelegt hat. Oder warum er Salz ins Aquarium geschüttet hat und Fischfutter auf sein Butterbrot. Mama sagte, der Opa werde immer schusseliger, aber die Oma sagte,

der Opa sei schon immer ein Schussel gewesen. Zum Glück war Opas Aquarium sowieso ein Salzwasseraquarium. Und das Fischfutter hatte wohl gar nicht so schlecht geschmeckt, denn der Opa hatte schon das halbe Butterbrot aufgegessen, bevor ihn die Oma endlich fragte, wieso er eigentlich Fischfutter auf sein Brot gemacht hätte. Wie dem auch sei.

Max öffnete die Küchentür. Meine Güte, das hättest du mal riechen sollen! Oder lieber nicht. Der Opa zog sich sein T-Shirt über die Nase und drängte sich an Max vorbei in die Küche. Dort hing richtig schwarzer Qualm. Schnell riss der Opa den Wasserkocher vom Herd und warf ihn in die Spüle. Das Plastik unten am Wasserkocher war schon weich und zog Fäden, wie

wenn man einen Kaugummi
aus dem Mund nimmt und dann ganz
weit auseinanderzieht. Der Opa drehte auch
noch die Herdplatte aus. Und das immerhin
war ziemlich gut vom Opa.

„Raus! Raus! Raus!“, rief die Oma währenddessen im Wohnzimmer und scheuchte alle Kinder in den Garten. Der Opa kam bald hinterhergehustet. *Hinterhergehustet*, weil der Opa hinterhergelaufen kam und dabei ganz doll hustete. Deswegen hinterhergehustet.

„Was ist denn passiert?“,
wollte Tiffany sofort vom Opa wissen.
„Ja, was hast du denn jetzt schon wieder
angestellt?“, fragte die Oma.

„Was heißt denn hier *schon wieder*?“, meinte der Opa. „*Du* hast doch neulich das Internet kaputt gemacht.“

„Das stimmt“, sagte Max.

„Jetzt sag schon, was passiert ist“, fuhr Luisa den Opa an. Das tat ihr gleich leid, denn der Opa fing fast an zu weinen. Er hatte es ja nur aus Versehen gemacht. Und er war sich sicher, dass Mama mit ihm schimpfen würde. Und niemand wird gerne ausgeschimpft. Auch Opas nicht.

„Ich“, sagte der Opa traurig, „ich habe den Wasserkocher auf den Herd gestellt. Aus Versehen.“

„Na, das ist ja wieder ein dolles Ding“, sagte die Oma.

„Was heißt denn hier *wieder*?“, fragte der Opa. Und dann sagte er: „Vielleicht müssen wir Mama das nicht erzählen?“

„Was wollt ihr mir nicht erzählen?“, fragte Mama, die natürlich genau in diesem Moment nach Hause kam. Dann schnüffelte sie. „Und was stinkt hier so abscheulich?“

„Der Opa hat den Wasserkocher auf den Herd gestellt“, sagte Max.

„Nur aus Versehen“, sagte Tiffany.

Da sagte Mama gar nichts dazu. Da seufzte Mama nur.

„Als ob ich nichts Besseres zu tun hätte“, sagten alle drei Kinder.

Und das war tatsächlich, was Mama dachte. Aber gesagt hat sie es nicht, weil der Opa eh schon guckte wie ein geprügelter Hund.

Außerdem – und das weißt du wahrscheinlich noch nicht – hatte Mama auch mal eine gute Idee mit dem Wasserkocher gehabt. Also nicht mit *dem* Wasserkocher, sondern mit dem Wasserkocher vor dem Wasserkocher, den der Opa auf den Herd gestellt hat.

Und zwar hatte Mama den Wasserkocher in die Spülmaschine gepackt. Weil er sauber werden sollte.

Danach war er auch sauber, nur funktionierte er leider nicht mehr. Wegen der Sache mit dem Strom. Frag am besten wieder deine Tante.

Oder deinen Onkel. Aber was der Opa gemacht hatte, war natürlich noch spektakulärer.

„Vielleicht müssen wir eurem Papa das nicht erzählen?“, fragte der Opa.

„Was müsst ihr mir nicht erzählen?“, fragte Papa, der natürlich auch genau in diesem Moment nach Hause kam.

Es war wie verhext.

„Der Opa hat den Wasserkocher auf den Herd gestellt“, sagten alle außer dem Opa.

„Nur aus Versehen“, sagte der Opa.

Papa schlug sich mit der flachen Hand gegen die Stirn.

„Sag nix“, sagte Mama. „Du hast mal Milch in den Wasserkocher getan.“

Das war der Wasserkocher vor dem Wasserkocher, den Mama in die Spülmaschine gepackt hatte.

Papa hatte schnell Milch heiß machen wollen, als Tiffany noch ein Baby war. Hatte auch funktioniert. Leider ein wenig zu gut und die Milch

war übergekocht und im Kocher angebrannt und das war eine riesige Sauerei gewesen. Und gestunken hatte es auch. Allerdings nicht ganz so doll wie an dem Tag, an dem der Opa den Wasserkocher auf den Herd gestellt hat.

Milch kocht nämlich anders als Wasser. Oder als Plastik. Frag ruhig deine Tante. Oder deinen Onkel. Oder notfalls deine Lehrerin. Die können dir das sicher erklären.
Den Wasserkocher hatten sie danach jedenfalls wegschmeißen müssen. Das Wasser, das man in ihm kochte, schmeckte nämlich immer nach verbrannter Milch. Also sagte Papa nix dazu.

„Wieso sind denn alle Fenster geschlossen?“, fragte er stattdessen.
Was, ehrlich gesagt, eine gute Frage war.
„Wegen dem Kacknachbarn!“, antwortete Tiffany.
„Das habe ich gehört!“, rief der Nachbar.
„Ups“, sagte Tiffany kleinlaut und klammerte sich an Papas Bein.
„Was hat denn der Nachbar damit zu tun?“, fragte Mama.
„Nix“, sagte Max.

„Ich verstehe nur noch Bahnhof“, sagte Papa.
„Na, das ist ja nix Neues“, sagte Mama.
„Warum bist du denn jetzt sauer auf mich?“, fragte Papa.
„Na, hab ich die Milch in den Wasserkocher getan? Nein! Das warst doch du.“
„Aber das ist doch schon ewig her“, sagte Papa.
„Das stimmt“, gab Mama zu.
Papa schloss die Tür auf.

„Boah!“, sagte er nur. *Boah!* hatte Papa früher oft gesagt, als er noch keine Kinder hatte. Manchmal hatte er sogar *boah, ey!* gesagt. Aber seit er erwachsen war, hatte der Papa kaum noch *boah* gesagt.
Als er die Tür aufschloss, sagte er aber: „Boah! Da können wir nicht rein.“

Dann zog er sich sein Halstuch über die Nase und rannte todesmutig durchs Haus, um alle Fenster aufzureißen. Mit dem Halstuch über der Nase sah Papa fast aus wie ein Bandit in einem Western.

Western, das sind so alte Filme, die der Opa gerne guckt, wenn es gerade keine neue Dokumentation über Fische zu sehen gibt.

„Könnt ihr euch noch daran erinnern, dass der Opa schon mal einen Wasserkocher kaputt gemacht hat?", fragte die Oma. „Er wollte Würstchen für Max heiß machen und hat sie einfach in den Wasserkocher getan. Dann sind sie aber geplatzt. Das war echt 'ne Sauerei."

„Das warst doch du mit den Würstchen!", protestierte der Opa. Und Max pflichtete ihm bei. „Ja, das warst du, Oma."

„Ach ja, stimmt ja", sagte die Oma und kicherte.

„Das war voll eklig“, sagte Max.
„Danach bin ich Vegetarierin geworden“, sagte Luisa.
Der Opa war sehr froh, dass ihm das eingefallen ist. Also, dass die Oma die Würstchen hatte platzen lassen.
„Da siehst du's, Opa“, sagte Tiffany. „Jeder

macht mal was Dummes. Deswegen musst du doch nicht so traurig sein. Sogar ich habe schon mal was Dummes gemacht. Ich habe mir zum Beispiel mal Knete in die Nase gesteckt. Das war auch nicht so schlau."

Der Opa drückte Tiffany ganz fest an sich.

„Und ich habe mal zu Tiffany gesagt, sie soll sich Knete in die Nase stecken", sagte Max. „War auch eher doof."

Der Opa lächelte.

Jetzt guckten alle Luisa an.

„Was guckt ihr mich so an?", fragte sie. „Ich habe noch nie so was Doofes gemacht!"

„Du wolltest mal Ostereier in der Mikrowelle aufwärmen“, sagte Tiffany.

„Ja, okay“, sagte Luisa. „Die sind ein bisschen explodiert.“

„Und du wolltest mal ein Puzzle zusammenleimen und hast es dabei auf den Fußboden geklebt", sagte die Oma. „Mit Sekundenkleber!"
„Na ja", sagte Luisa, „da war ich aber noch kleiner."
„Das Puzzle klebt immer noch in unserer Diele", sagte der Opa.
„Und du hast damals mit dem Skalpell von deiner Blinddarm-Operation einmal längs die komplette Raufasertapete im Wohnzimmer aufgeschnitten", sagte Mama.
„Also ich finde, daran war der Arzt schuld", sagte Luisa. „Mal ehrlich. Wer gibt denn einem kleinen Kind ein Skalpell mit nach Hause?"
„Und du hast den Gartenzaun eingedrückt, als du mir beweisen wolltest, dass du schon Auto fahren kannst!", sagte Max.

„Also du warst das?", fragte Mama.
„Max!", rief Luisa.
„Ups", sagte Max.

Mama seufzte und sagte: „Darüber reden wir noch, junge Dame.“ Sie überlegte kurz. „Aber am besten, wir sagen Papa nichts davon.“
In dem Moment kam Papa wieder aus dem Haus. Zum Glück hatte er nicht zugehört. Er war ganz auf den Braten konzentriert, den er in seinen Händen hielt. Den Braten hatte Papa am Tag zuvor erst gemacht. Blöd war nur, dass der Braten auf dem Küchentisch gestanden hatte. Und nun roch er nach verbranntem Wasserkocher. Schlimmer noch, er schmeckte auch so. Und verbrannter Wasserkocher schmeckt gar nicht gut. Jetzt sah es fast so aus, als würde Papa gleich heulen.
„Wein doch nicht, Papa“, sagte Tiffany, der der Braten, das möchte ich dir im Geheimen verraten, eh nicht geschmeckt hatte.

„Luisa kann doch ihrem Freund sagen, dass er uns Pizzas bringen soll“, sagte Max, der dem Braten, auch das muss gesagt werden, ebenfalls keine Träne nachweinte.

„Er ist nicht mein Freund“, sagte Luisa. Die ebenfalls nicht übermäßig traurig über den Verlust des Bratens war. Sie war ja Vegetarierin.

„Welcher Freund?“, fragte der Opa.

„Na, der Pizzajunge“, sagte die Oma.

„Der Pizzajunge ist nicht mein Freund“, sagte Luisa. Aber das stimmte nicht. Wohl war der Pizzajunge ihr Freund. Das sollte nur keiner wissen. Wussten aber alle. Außer dem Opa. Die Oma hatte es ihm zwar mal erzählt, aber da hatte der Opa nicht richtig zugehört, weil er gleichzeitig im Fernsehen eine Dokumentation über Glaskopffische anguckte. Bei diesen Tiefseefischen liegen die Augen im Inneren ihres

durchsichtigen Kopfes! Das musst du dir mal vorstellen. Dadurch sind die empfindlichen Augen vor den Nesselzellen von Quallen geschützt. Das ist faszinierend.
Findet jedenfalls der Opa.

Der Opa mag Fische.

„Das mit der Pizza ist doch eine schöne Idee“, sagte Mama. „Dann sehen wir deinen Freund auch mal wieder.“

„Er ist nicht …“, begann Luisa. Aber dann sagte sie: „Na gut.“

Es war schließlich schon Abend und sie hatte auch furchtbaren Hunger.

Während sie auf die Pizza warteten, verschwand Papa im Schuppen und zerrte die Tischtennisplatte hervor. Alle schnappten sich einen Schläger und spielten Rundlauf. Das kennst du bestimmt. Da rennt man zusammen um die Platte und schlägt abwechselnd auf den Ball, bis man von Max rausgeschmettert wird.

Tiffany hatte verhandelt, dass sie immer fünf Leben bekam. Am Ende standen trotzdem jedesmal Max und Opa im Finale.

Der Opa konnte nämlich ziemlich gut Tischtennis spielen. Er schnippelte wie ein Profi. Man traute es ihm gar nicht zu, doch er war mal Vierter geworden bei einer Tischtennis-Landesmeisterschaft. Das war aber schon über 50 Jahre her. 50 Jahre sind eine lange Zeit.

Vor 50 Jahren gab es noch kein Internet und keine Handys und keine Computer. Das musst du dir mal vorstellen. Da war dem Opa ja gar nichts anderes übrig geblieben, als Tischtennis zu spielen. Im Finale spielten der Opa und Max immer Kung-Fu-Pingpong.

Kung-Fu-Pingpong geht so: Man hat zwei Schläger, in jeder Hand einen, und muss den Ball immer mit beiden berühren. Man legt sich den Ball also mit dem einen Schläger vor und haut mit dem anderen drauf. Das sieht dann ein bisschen aus wie Kung-Fu. Findet Max jedenfalls.

Mama, Papa und die Oma feuerten Max an, während Luisa und Tiffany lautstark für den Opa jubelten.

Dann kam auch schon der Pizzajunge. Er ist ziemlich schnell gekommen. Jedenfalls viel schneller als zu den anderen Leuten, die schon lange vor Luisa bestellt hatten. Wenn du mal Pizza bestellst und das Gefühl hast, dass es besonders lange dauert, bis sie geliefert wird, dann liegt es vielleicht daran, dass Luisa zum selben Zeitpunkt Pizza bestellt hat. Oder kurz danach. Jedenfalls setzten sich dann alle um die Tischtennisplatte und futterten.

„Es war aber ziemlich gut vom Opa“, sagte die Oma mit vollem Mund, „dass er den Wasserkocher in den Sommerferien auf den Herd gestellt hat und nicht in den Weihnachtsferien.“

„Ja, ja. Mach dich ruhig lustig“, sagte der Opa und steckte sich ein Stück Pizza in den Mund, obwohl er eigentlich nur Kotelett mochte. Aber schließlich war er es ja gewesen, der den Wasserkocher auf den Herd gestellt hatte. Da musste man Abstriche machen.

Nach dem Abendessen probierte Papa noch einmal, ob sie wieder ins Haus konnten, aber er sagte nur: „Boah, ey!“
Deswegen ging jetzt Mama in den Schuppen, rumpelte und pumpelte ein wenig, und kam mit zwei Zelten wieder heraus. Campen im Garten. Na, das war ein Abenteuer nach Tiffanys Geschmack. Also ein Abenteuer, aber zu Hause.

Das Aufbauen der Zelte war gar nicht so einfach. Der Opa riss die Aufgabe an sich.

„Wenn ich nur mein Werkzeug mitgenommen hätte“, sagte er nach einer Weile.

Also nahm ihm die Oma die Zelte ab und baute sie auf. Zack, zack. Eine patente Frau, die Oma. Leider waren beide Zelte ziemlich klein.

„Wie sollen wir denn da alle reinpassen?“, wunderte sich Tiffany.

Da kam der neue Nachbar und reichte ein Zelt über den Zaun. War nämlich gar nicht so kacke, der Nachbar.

„Ich bin der Jens“, sagte der Nachbar.
„Hallo der Jens“, sagte Tiffany.

„Und den Müll“, sagte der Jens, „das will ich nur mal kurz erwähnen, den verbrenne nicht ich, sondern der Nachbar eins weiter. Der ist nämlich der Kacknachbar. Nicht ich.“ Darauf konnten sich alle einigen und Papa lud den neuen Nachbarn prompt zum Essen ein. Der Pizzajunge hatte nämlich viel mehr Pizza gebracht, als Luisa bestellt hatte. Übrigens war der Pizzajunge immer noch da, weil er angeblich Feierabend hatte. Glaubst du das?

Es ist auf jeden Fall ein ziemlich lustiger Abend geworden. Mit Gartenolympiade und Wasserschlacht und so.

Eine anständige Gartenolympiade hat, nebenbei bemerkt, mindestens folgende Disziplinen: Wasserschlacht (alle gegen Papa!), Fußball (alle gegen Max!), Wikinger-Schach, Kung-Fu-Pingpong und natürlich Ums-Haus-Rennen mit Tiffany auf dem Rücken!

Vor dem Schlafengehen erzählten sie sich noch Gruselgeschichten. Max erzählte zum Beispiel eine von einem Planeten, auf dem intelligente Wasserkocher wohnten, und wie einer von ihnen aus Versehen einen Opa auf den Herd gesetzt hatte. So ein Quatsch.

Schließlich teilte sich Tiffany ein Zelt mit Oma und Opa. Max sollte bei Mama und Papa schlafen, denn Luisa wollte das letzte Zelt für sich allein.

„Ja klar, allein“, sagte Max und blickte auf den Pizzajungen. „Das glaube ich ja nicht.“

„Ich hoffe, ihr benutzt auch ihr wisst schon was“, scherzte die Oma.

„Oma!“, rief Luisa empört.

„Haben wir doch auch nicht“, sagte der Opa.

„Opa!“, rief Luisa noch empörter.

Der arme Pizzajunge hatte einen ganz roten Kopf.

Das war ihm nämlich alles peinlich, weil … Na ja, am besten, du fragst wieder Tante Irmgard oder wie sie heißt. Jedenfalls sagte der Pizzajunge dann, dass er noch gar nicht wirklich Feierabend habe und jetzt wieder Pizzas ausliefern müsse. Darum teilten sich doch Max und Luisa das letzte Zelt. Und Max hat bestimmt einiges zu hören gekriegt, weil er das mit dem eingedrückten Zaun ausgeplaudert hatte.

Am nächsten Morgen konnten alle wieder ins Haus.
Luisa saß im Garten und büffelte für eine Prüfung. Max war in seinem Zimmer und spielte Computerspiele, die er nie spielen durfte, wenn Mama oder Papa da waren. Wenn Oma und Opa aufpassten, galten nämlich andere Regeln. „Gar keine Regeln", behauptete Papa immer. Aber das stimmte nicht. Zum Beispiel durfte man nicht … Also auf die Schnelle fällt mir jetzt nichts ein. Ah, ja: *Kacke* sagen.
Die Oma saß übrigens im Sessel und döste. Der Opa war in der Küche und putzte den Herd. Und die Spüle. Hätte er mal den heißen Wasserkocher nicht in die Spüle gestellt. Aber hinterher ist man immer schlauer.
Tiffany langweilte sich.

„Du, Opa“, sagte sie. „Kannst du nicht noch mal den Wasserkocher auf den Herd stellen?“

„Untersteh dich!“, rief die Oma aus dem Wohnzimmer.

„Ich darf nicht“, sagte der Opa. „Aber ich kann mit dir rausgehen und Tischtennis spielen.“

Und das war ja immerhin etwas.

„Aber nur ich kann Punkte machen“, verhandelte Tiffany.

„Na gut“, sagte der Opa.

Tiffany hat übrigens elf zu null gewonnen.

Marc-Uwe Kling heißt eigentlich Ewucram Gnilk und ist ein Außerirdischer vom Planeten Pftzz im Sternbild des großen Pinguins. Auf Pftzz ist es verboten sich Geschichten auszudenken, deswegen sprang Ewucram ins erstbeste Wurmloch, und landete schwuppdiwupp auf der Erde, wo er sich seitdem Geschichten ausdenkt.

Astrid Henn arbeitete nach ihrem Studium zunächst als Designerin in Hamburger Werbeagenturen. Dort schlug sie sich eine Weile mit Pflegeproduktherstellern und Tütensuppenfabrikanten herum, bis sie die Nase voll davon hatte. Seitdem illustriert sie schöne Bücher, z. B. über popelköpfige Prinzessinnen, Ostermänner, über Omas, die das Internet kaputt machen, über eigenwillige Einhörner oder über Opas, die den Wasserkocher auf den Herd stellen.

Völckersstraße 14–20, 22765 Hamburg
Originalausgabe
Text: Marc-Uwe Kling
Umschlag- und Innenillustration: Astrid Henn
Lektorat: Marlen Bialek
Herstellung: Bettina Oguamanam
ISBN 978-3-551-51930-6

Mit Fragen zur Produktsicherheit wenden Sie sich bitte an:
carlsen.de/kontakt

€(D) 13,00 I €(A) 13,40

€(D) 13,00 I €(A) 13,40

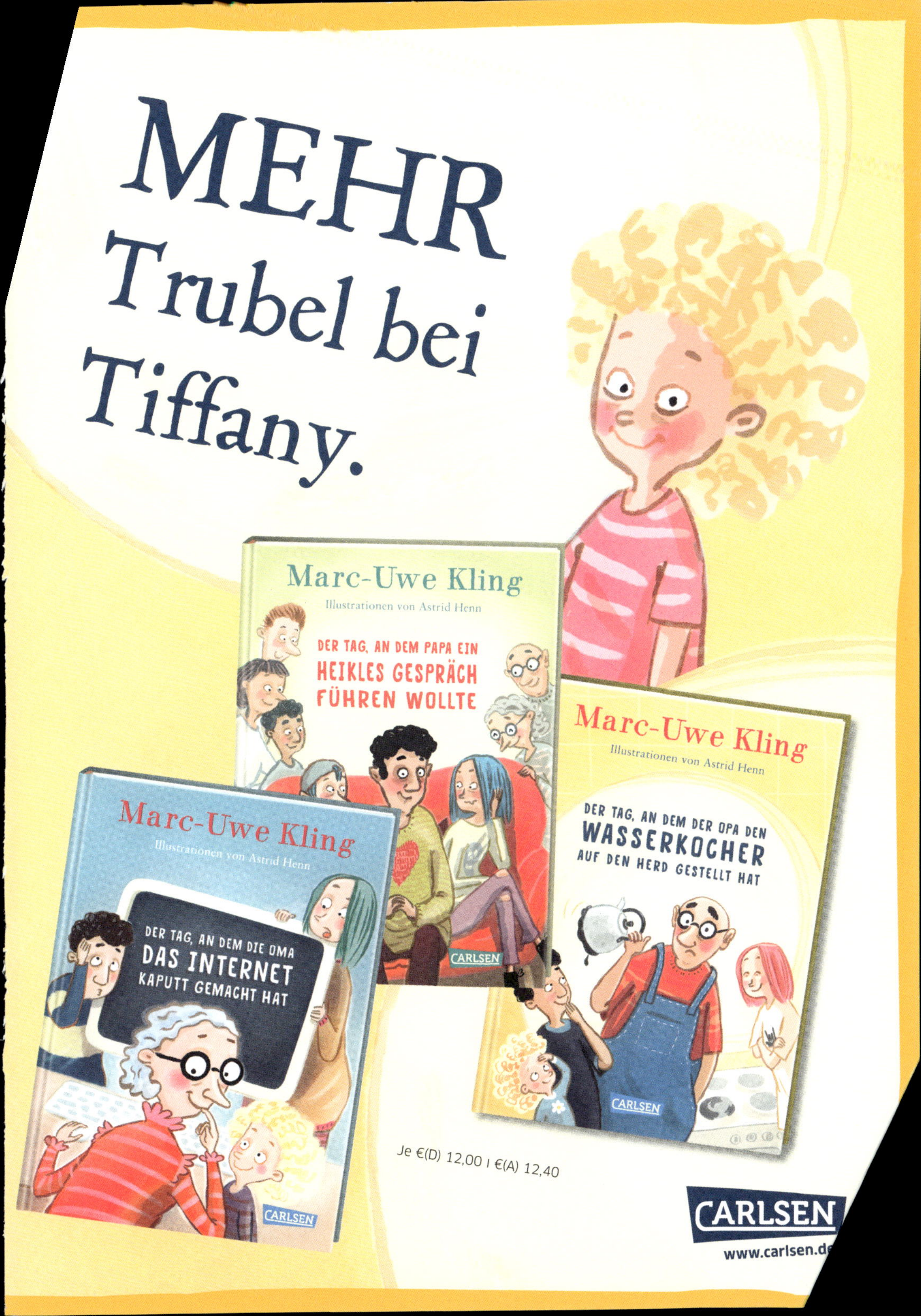
MEHR
Trubel bei
Tiffany.
Marc-Uwe Kling
Illustrationen von Astrid Henn
DER TAG, AN DEM PAPA EIN HEIKLES GESPRÄCH FÜHREN WOLLTE
CARLSEN
Marc-Uwe Kling
Illustrationen von Astrid Henn
DER TAG, AN DEM DIE OMA DAS INTERNET KAPUTT GEMACHT HAT
CARLSEN
Marc-Uwe Kling
Illustrationen von Astrid Henn
DER TAG, AN DEM DER OPA DEN WASSERKOCHER AUF DEN HERD GESTELLT HAT
CARLSEN
Je €(D) 12,00 | €(A) 12,40
CARLSEN
www.carlsen.de